W0196439

V erantwortung

E insicht

G ewaltlosigkeit

A chtung

N aturschutz

VEGANE KÜCHE Schon probiert?

von
Carola Ruff

BuchVerlag
für die Frau

ISBN 978-3-89798-386-1

2. Auflage 2014

© BuchVerlag für die Frau GmbH, Leipzig 2013

Fotos: Archiv des Verlags (S. 2), fotolia.com (Titel, S. 8, 11, 19, 38/39, 77, 99), Carola Ruff (alle übrigen Fotos)
Satz und Typographie: Kerstin Wilk
Druck: Salzland Druck, Staßfurt
Bindearbeiten:
Müller Buchbinderei GmbH Leipzig

Printed in Germany

www.buchverlag-fuer-die-frau.de

INHALT

GESUND GENIESSEN MIT GUTEM GEWISSEN

In Deutschlands Küchen tut sich was! Braten wird von Salat verdrängt, Gemüseburger ersetzen Buletten und Tofu-Würstchen die aus Schweinefleisch. Ja, immer weniger Menschen mögen Fleisch auf dem Teller. Inzwischen sind es über 6 bis 8 Millionen, die weder Fisch noch Fleisch essen.

Der bereits in den 90er Jahren des letzten Jahrhunderts zu beobachtende Trend zur vegetarischen Ernährung hat sich nach dem 26.11.2000 – der Tag, an dem der erste BSE-Fall in der Bundesrepublik bekannt wurde – weiter verstärkt: So ernährten sich ein Jahr später nach einer Umfrage im Auftrag des Magazins FOCUS (Nr. 10, 5.3.2001) bereits 15 % der Befragten ohne Fleisch und Wurst, 9 % ohne Fisch. Eine Erhebung des Institutes FORSA (Umfrage im Auftrag des Fernsehsenders RTL) ergab die Zahl von mittlerweile **8 % Vegetariern**, das sind **über 6 Millionen Menschen** in Deutschland.

Noch viel mehr Menschen essen nur noch selten Fleisch. Es schmeckt ihnen nicht mehr, ihnen tun die Tiere leid, sie machen sich Gedanken um die Umwelt, Hunger in der Dritten Welt und sorgen sich um ihre eigene Gesundheit. Solange aber Milch und Eier in großen Mengen produziert werden, nützt ein Verzicht auf Fleisch weder den Tieren noch der Umwelt.

Die Massentierhaltung besteht weiter, das Leben der Legehennen und Kühe hat sich nicht verbessert, ganz zu schweigen von der Belastung des Grundwassers und dem Beitrag der Tierhaltung zum Treibhauseffekt. In Deutschland werden jährlich 50 % der Getreide- und 90 % der Sojaernte an Tiere verfüttert. (Nach einer UNO-Statistik sterben dagegen täglich fast 50 000 Kinder an Hunger!) Man weiß mittlerweile, dass ein Zuviel an tierischem Eiweiß ungesund ist. Warum also nicht einmal ganz darauf verzichten und damit ein Stückchen mehr Verantwortung für sich und seine Umwelt übernehmen?

Der Unterschied zwischen Vegetariern und Veganern ist einfach. Vegetarier essen nichts, wofür ein Tier *getötet* werden musste. Veganer darüber hinaus auch nichts, was vom *lebenden* Tier stammt. Sie essen also weder Eier, Milch und Honig und tragen oft auch keine Kleidung aus Wolle, Leder, Seide, Daunen etc.

Möglicherweise ist die vegane Küche für viele noch ein Wagnis, auch für diejenigen, die als Vegetarier schon lange eine Fülle von wohlschmeckenden Gemüse- und Salatrezepten parat haben. **Haben Sie Mut!** Probieren Sie die Rezepte aus und ernähren Sie sich vegan – vielleicht erst einmal nur an ein paar Tagen in der Woche.

Übrigens sind Sie nicht die Einzigen, die diesen Schritt wagen. Viele Prominente wie Bill Clinton, die Schauspieler Clint Eastwood und Brad Pitt und der Sänger Prince ernähren sich

vegan, ebenso Hochleistungssportler wie Carl Lewis, Martina Navratilova und Triathlet Rich Roll. Auch Albert Schweitzer, Leonardo da Vinci und der griechische Philosoph Pythagoras (570 – 510 v. Chr.) ernährten sich fleischlos und ohne Milch und Eier. Deshalb wurde die pflanzliche Kost bis vor 200 Jahren die pythagoreische Diät genannt. Vegane und vegetarische Ernährung sind also keine Erfindung unserer Tage.

Dieses Büchlein zeigt Ihnen gesunde, genussvolle Alternativen für Milch, Quark, Joghurt, Käse, Eier, Gelatine und Honig. Sie werden merken: Vegan zu leben bedeutet keine Einschränkung, sondern neue Erfahrungen und Erkenntnisse, vor allem aber neue kulinarische Genüsse!

VEGANES KÜCHEN-ABC

Um möglichst viele Rezepte zu bieten und die Auswahl möglicher Zutaten nicht mehrfach zu nennen, sind in den Rezepten manche Zutaten zusammengefasst und mit einem Stern * gekennzeichnet. Dies sind z. B. Getreide*, Pflanzenmilch*, Saaten* und Nüsse*, die je nach Geschmack eingesetzt werden können.

Erbswunder (Hraska) = gemahlene Erbsen, ein gesunder Ei-Ersatz

Fleisch- und Wurst-Ersatz: Auch Veganer haben Appetit auf Deftiges und greifen zu Ersatz aus **Süßlupine** und **Soja**, den es in vielen Varianten gibt. Wer Soja nicht verträgt, allergisch darauf reagiert oder es aus anderen Gründen (Gentechnik, Urwaldrodung) nicht essen möchte, sollte **Seitan** probieren. Je nach den Gewürzen, die man selbst in den Teig aus Weizen- oder Dinkelgluten knetet, schmeckt es immer anders (s. S. 17). Man kann es zu veganen Schnitzeln, Hackfleisch und Würstchen verarbeiten.

Getreide* = Dinkel, Einkorn, Emmer, Hafer, Hirse, Kamut, Reis, Süßlupine (enthält hochwertiges pflanzliches Eiweiß, 8 essentielle Aminosäuren, Ballaststoffe, ist gluten- und cholesterinfrei), Weizen

Pflanzenmilch* = milchähnliches Getränk aus Getreide*, Saaten* oder Nüssen* (s.u.), Hanf

Aus rechtlichen Gründen wird diese „Milch" im Handel **Drink** genannt.

Auch die daraus hergestellten Produkte müssen anders benannt werden, meist mit Phantasie- oder englischen Namen. Wir bleiben aber bei Milch, Frischkäse, Sahne etc.

Nüsse* = Cashew-, Erd-, Hasel-, Kokos-, Macadamia-, Para-, Pecan- und Walnüsse, Erdmandeln (Chufas), Mandeln, Pinienkerne und gekochte Maronen, auch wenn einige „biologisch" gar keine Nüsse sind.

Pilze* = Champignons, Pfifferlinge, Stein- oder andere Waldpilze enthalten viele Ballast- und Nährstoffe und Eiweiß sowie wenig Fett und Kohlehydrate. Sie sind ein guter Fleischersatz.

Saaten* = Chia-Samen (enthalten hochwertiges Protein, Vitamine A, Kalzium, Phosphor, Kalium, Zink und Ballaststoffe), Kürbis- und Sonnenblumenkerne, Leinsamen, Mohn, Sesam

Seitan = Weizen- oder Dinkelgluten, ergibt mit Gewürzen und Wasser aufgekocht eine fleischähnliche Masse, die viel Eiweiß enthält (s. S. 85).

Tempeh = fermentiertes Soja, das wie Wurst zubereitet wird

Tofu = auch Bohnenquark genannt, entsteht, wenn Sojamilch erhitzt wird und dabei gerinnt. Dieser Herstellungsprozess ist ähnlich dem von Quark aus Tiermilch. Tofu ist der am häufigsten verwendete Grundstoff für veganen Fleisch- und Wurstersatz.

WIE ERSETZE ICH DIE HERKÖMMLICHEN ZUTATEN?

Keine Panik – Eine kleine Vorbetrachtung

Im Milchgeschäft der 1950er Jahre gab es nur Milch – offen oder in Flaschen –, dazu Sahne, Butter, Quark und Käse. Es gab weder 50 Sorten Fertigpudding und Quarkspeisen, noch etwas für den „kleinen Hunger zwischendurch" oder die „Extra Portion Milch". Pudding kochte man selbst aus Milch und Stärke, und Kräuterquark rührte man aus Quark und Gartenkräutern selbst an! Milch tranken Kinder und Kranke. Wer zwischendurch Hunger hatte,

nahm sich einen Apfel und keinen Joghurt. Zum Frühstück gab es für die Kinder ein Marmeladebrot, und Käse aufs Brot bekam nur der Vater. Ähnlich war es bei Eiern. Bis Mitte der 1960er Jahre lebten Hühner beim Bauern im Rhythmus der Natur, legten im Jahr an etwa 170 Tagen ein Ei, an den restlichen Tagen mauserten sie, wechselten also das Gefieder, brüteten Küken aus oder es war Winter und kalt.

Heute legt ein Huhn dank gleichbleibender Wärme und gedämpftem Licht im Stall, das auch Tausende weitere Hennen auf einem Fleck friedlich hält, über 300 Eier im Jahr und wird, bevor es lange Zeit nicht legt und nur Futter kostet, zum Suppenhuhn!

Damals gab es Eier nur zum Sonntagsfrühstück, im Omelett und natürlich im Kuchen.

Eier waren noch nicht Bestandteil von Halstabletten, Fertigsalat, Tomatensuppe oder Shampoo. Damals war auch noch nicht die Hälfte der Bevölkerung übergewichtig, die Menschen hatten gesunde Zähne bis ins hohe Alter und ein hoher Cholesterinspiegel war noch keine Volkskrankheit.

Es muss also niemand in Panik verfallen, wenn er Milch, Käse und Eier aus der Küche verbannt. Denn die zweifellos wertvollen Bestandteile von Milch und Eiern finden sich auch reichlich und in bester Qualität in anderen Lebensmitteln.

Tipps für den Einkauf

Schauen Sie beim Einkaufen unbedingt immer auf die Zutatenliste – für Veganer meist schon Routine. Oft enthalten auch „rein pflanzliche" Produkte Anteile von Milch, Eiern, Gelatine oder Lecithin aus Tierfett. (Beispiel: Fruchtsaft oder Wein wird mit Teilen von Eiern, Milch oder Gelatine geklärt.)

Bei verpackten Lebensmitteln müssen alle Inhaltsstoffe deklariert sein. Wenn die Zutatenlisten so umfangreich und unverständlich sind, dass man zum Entziffern eine Lupe und zum Verständnis ein Chemiestudium braucht, ist es besser, die Packung wieder zurück ins Regal zu legen. Man sollte nichts essen, von dem man nicht weiß, was genau sich dahinter verbirgt. Bei unverpackten Lebensmitteln wie z.B. Bäckerbrot muss man fragen. Da die Verkäuferin oft nicht weiß, ob das Brot Butter, Ei oder Milch enthält oder damit bestrichen ist, lohnt es sich, selbst zu backen! Es gibt einfache Rezepte für Backautomaten oder Backofen.

Achten Sie beim Einkauf auf die *Herkunft* Ihrer Lebensmittel. Bio-Produkte aus der Region und Fair Trade-Artikel sind die naheliegende Ergänzung veganer Lebensführung.

Milch

ist einfach zu ersetzen. Mittlerweile gibt es sogar beim Discounter Pflanzenmilch wie Hafer-, Mandel-, Soja- und Reisdrink. Noch größer ist die Auswahl im Reformhaus, in veganen

Spezialgeschäften oder im Internet (s. S. 125). Einige Sorten Pflanzenmilch kann man leicht selbst herstellen (s. S. 43). Diese Milch ist dünner als Kuh- und Sojamilch und schmeckt etwas nach ihrem Ausgangsprodukt (Nüsse oder Samen). Wen das stört, mixt sie mit Früchten oder Kakao. Inzwischen gibt es für alle Milchprodukte wie Sahne, Joghurt etc. veganen Ersatz.

Hinweis: Da Sojamilch wenig Kalzium enthält, wird sie oft damit angereichert. Dies ist vor allem für Verbraucher mit Laktose-Intoleranz oder Milchzucker-Unverträglichkeit gedacht.

Veganer finden reichlich Kalzium auch in anderen Lebensmitteln wie Nüssen*, Saaten*, Grünkohl, Petersilie etc.

Käse

Veganer Käse ist meist teuer und noch nicht immer ein Genuss. Sie können diesen Käse gut „aufpeppen", wenn Sie ihn würfeln, in einer würzigen Marinade ziehen lassen und als Feta-Ersatz im griechischen Bauernsalat servieren.

Auch wirklich schmackhaften Käse zum Überbacken von Pizza oder Nudelgerichten oder als Brotbelag gibt es noch nicht. Aus Hefe und Nüssen kann man dafür aber eine würzige Sauce, Streu- und sogar Schnittkäse herstellen (s. S. 49 – 52).

Butter

kann durch Tofubutter oder andere pflanzliche, milchfreie Margarine wie z.B. **Alsan** ersetzt werden.

Eier

Ein Frühstücksei kann man zwar nicht ersetzen, wohl aber **Eier** zum Binden oder Bestreichen von Gerichten.

zum Backen

Hefe-, Nudel-, Plunder- oder Strudelteige kommen ohne Eier aus, ebenso Quark-Ölteig, für den man den Quark einfach durch gut abgetropften Soja-Joghurt, Seidentofu (feiner, sehr feuchter Tofu) oder mit Tofu püriertem Soja-Joghurt ersetzen kann. Auch Frischkäse aus Nüssen* (s.S. 47) oder Saaten* eignen sich gut.

TK-Blätterteig enthält meist weder Butter noch Eier. Vorsichtshalber Zutatenliste anschauen.

Verlangt ein Mürbteigrezept nur *ein* Ei, können Sie das ersatzlos streichen.

Rührteig-Rezepte:

Mehr als 3 Eier muss ohnehin kein Kuchen enthalten, damit er schmeckt. Die Eier kann man leicht wie folgt ersetzen:

1 Ei = 1 EL Sojamehl (vollfett) mit 2 EL kohlensäurehaltigem Mineralwasser und ¼ TL zusätzlichem Backpulver verrührt. Entfettetes Sojamehl eignet sich **nicht** als Ei-Ersatz.

Tipp: Am besten mischt man Sojamehl und das zusätzliche Backpulver mit den anderen trockenen Zutaten und verrührt das Mineralwasser mit den anderen flüssigen oder feuchten Zutaten.

1 Ei = 75 ml Seidentofu, püriert

2 Eier = ½ Tasse Chia-Gel: 1 – 2 EL

Chia-Samen (s. S. 16) mit ½ Tasse Wasser über Nacht einweichen, Rest im Kühlschrank aufbewahren oder zu Pudding verarbeiten (s. S. 107).

1 Ei = 1 kleine Baby-Banane oder 75 g steifes Apfelmus. Beides schmeckt nicht heraus!

Auch Erbswunder Vanille (Hraska), Guarkern-, Johannisbrot- und Pfeilwurzelmehl sind ein guter Ersatz für Eier.

Für 1 Ei 1 Messbecher Pulver und 40 ml Flüssigkeit verrühren. Packungsangabe beachten und nur den Messbecher benutzen, der in der jeweiligen Packung enthalten ist! Dies gilt auch für „Ei-Ersatz" aus dem Reformhaus, der meist aus Stärkemehl, gehärteten Pflanzenfetten, Emulgatoren und Verdickungsmitteln besteht. Mit manchem Ei-Ersatz soll sogar Biskuitteig oder Eiweiß-Gebäck gelingen. Davon aber kleine Mengen backen, da das Gebäck nur frisch gut schmeckt.

Tipp: Die Tortenböden werden etwas zart und bröselig, so dass man sie kaum teilen kann. Für mehrstöckige Torten Böden also einzeln backen und vorsichtig zusammensetzen bzw. für jeden Gast ein eigenes Törtchen backen.

Herzhafte Quiche-Teige:

1 Ei = je 1 EL Kichererbsenmehl oder Erbswunder pikant (Hraska) mit 1 EL Wasser verrührt

1 Ei = 2 EL geriebene Kartoffeln, roh oder gekocht, 75 g abgetropftes Kürbispüree oder 50 g steifes Apfelmus

Zum Bestreichen von Gebäck kann man Hafer-, Mandel- oder Sojasahne nehmen.

Pfannkuchen oder Waffeln:

1 Ei = 1 EL Leinsamen, gemahlen, mit 50 ml Wasser schaumig gerührt

Muffins und Kleingebäck:

1 Ei = 1 EL Öl mit 2 EL Wasser und 1 TL Backpulver verrührt

zum Binden oder Andicken

Saucen und Suppen kann man mit Hefe-, Hirseflocken oder Kichererbsenmehl andicken. Sie brauchen Zeit zum Quellen, also teelöffelweise zugeben und abwarten.

Alternative:

1 EL Mehl (Weizen- oder Kartoffel-, Maisstärkemehl, Johannisbrotkern- und Pfeilwurzelmehl) in wenig kaltem Wasser glatt angerührt in die kochende Flüssigkeit rühren.

Das gilt auch für Flüssigkeiten, die kalt bleiben sollen. Fruchtsaucen

z. B. werden mit Guarkernmehl gebunden. Vorsichtig dosieren, sonst wird es Gelee!

Binden von Aufläufen und Bratlingsteigen:

Verlangt das Rezept nur ein Ei, einfach weglassen. Weicher Teig erhält durch Flocken (Dinkel, Hafer) oder Semmelbrösel Stand.

Panieren – shake and bake:

Statt mit Eiern und Semmelbröseln kann man mit Mehl (oder Pfeilwurzelmehl, gemahlenen Nüssen, Erbswunder) panieren. Dafür eine Plastiktüte nehmen, Mehl und Gewürze nach Geschmack einfüllen. Paniergut (Pilze, Sellerie- oder Seitan-Schnitzel etc.) einzeln in die Tüte legen, aufblasen, zuhalten, Tüte schütteln. Paniertes Gemüse bzw. Schnitzel entnehmen und braten.

Gelatine

für Süßspeisen oder Tortenguss wird mit Agar-Agar, Apfelpektin (aus Äpfeln und anderen Früchten) oder Speisestärke aus Mais oder Kartoffeln ersetzt.

TORTENGUSS

¼ TL Agar-Agar, 4 g Pektin oder
1 – 2 EL Speisestärke • 1 EL Zucker
0,25 l Fruchtsaft oder Wasser

....

Grundrezept: Pulver mit Zucker vermischen, mit etwas von der Flüssigkeit glatt verrühren. Restliche Flüssigkeit erhitzen, in den Brei einrühren, aufkochen. Zur Probe einen Tropfen auf einen kalten Teller geben. Dann die nicht mehr heiße Flüs-

sigkeit von der Mitte des Kuchens nach außen über das Obst gießen. Agar-Agar und Apfelpektin gelieren auch ohne Zucker, müssen nicht lange gekocht werden und schonen Vitamine.

Honig

ersetzt man durch Agaven- und Ahornsirup, Apfel- und Birnendicksaft, Rübenkraut (Sirup) oder Zucker in allen Varianten.

GESUNDE NAHRUNGS-ERGÄNZUNG

Wenn Sie sich als Vegetarier schon gesund ernähren, müssen Sie jetzt zusätzlich nur darauf achten, die Vitalstoffe aus Eiern und Milch **aus anderen Quellen** zu sich zu nehmen.

Vitamin A: Aprikosen, grünes und gelbes Gemüse, Karotten, Mangos, Palmöl, Petersilie

Vitamin B_2: Vollkornmehl, grünes Blattgemüse

Vitamin B_6: Hefe, Kiwis, Gemüse, Kartoffeln

Vitamin B_{12} ist das einzige Vitamin, das nur in tierischen Produkten wie Leber und Eiern vorkommt. Obwohl wir es nur in kleinen Mengen für Zellteilung und Bildung der roten Blut-

körperchen brauchen, werden wir ohne das Vitamin krank. Führt man es über Nahrungsergänzungsmittel zu, sollten es 10 Mikrogramm / Tag sein. Nach neuen Erkenntnissen ist B_{12} *nicht* in fermentierten Lebensmitteln, Sauerkraut, auf Sanddorn oder ungewaschenem Gemüse enthalten. Inzwischen gibt es viele Lebensmittel, die mit B_{12} angereichert sind. Es gibt sogar eine B_{12}-haltige Zahnpasta!

Da der Körper B_{12} über viele Jahre speichert, fällt ein Mangel nicht sofort auf. Wer jedoch ständig müde oder erkältet ist, sollte seinen B_{12}-Spiegel testen lassen. Unter **Vitamin B_{12}-Mangel** leiden sogar Ovo-Lacto-Vegetarier und Fleischesser. Es wird vermutet, dass Tiere in der Massentierhaltung durch ständige Antibiotika- und Hormongaben kein Vitamin B_{12} mehr bilden.

Vitamin D wird auf der Haut beim Aufenthalt in der Sonne gebildet. Auch im Winter mindestens 30 Minuten täglich im Freien aufhalten.

Vitamin E: Weizenkeimöl, Vollkornprodukte, Blattgemüse

Vitamin K: Blumen- und Grünkohl, Spinat

Kalzium: Amaranth, Brennnessel, alle Nüsse und Saaten*, Feigen, Fenchel, Grünkohl, Vollkornprodukte, Mineralwasser

Magnesium: Bohnen, Erbsen, Haferflocken, grünes Gemüse, Nüsse*, Sesam- und Sonnenblumenkerne, Vollkornprodukte, Vollreis

Zink: Cashew- u. Paranüsse, Haferflocken, Weizenkeime, Sonnenblumenkerne

Wichtig: Die meisten Fachleute raten von veganer Ernährung für schwangere und stillende Frauen, Babys und Kleinkinder ab und empfehlen, für diese Zeit auf ovo-lacto-vegetarische Kost auszuweichen. Besprechen Sie dies mit einem erfahrenen Arzt oder Heilpraktiker.

BASICS – MILCH, KÄSE & CO AUF VEGANE ART

Tipp: Körner*, Nüsse* und Saaten* lassen sich nur mit einem starken Mixer pürieren. Für kleine Mengen eignet sich ein hochwertiger Stabmixer.

MILCHGETRÄNK*

je 200 g Hanfsamen, Linsen, Nüsse* oder Saaten* nach Geschmack und den erwünschten Vitalstoffen und Nährwerten

Mit 1 l Wasser 12 Stunden quellen lassen, abgießen, mit frischem Wasser zur gewünschten Konsistenz pürieren. Durch ein Tuch abseihen, nach Geschmack würzen oder süßen.

Jede Sorte schmeckt etwas anders und ist je nach den verwendeten Zutaten auch etwas dünner oder dicker. Probieren Sie einfach aus, bis Sie das finden, was Ihnen gut schmeckt.

Tipp: Aus dem Rückstand jeder selbst hergestellten Pflanzenmilch kann man ein veganes Knäckebrot (s. S. 56) backen bzw. die ausgepresste Quellmasse für Rohkost-Rezepte trocknen.

FRISCHE KOKOSMILCH

1 frische Kokosnuss
350–600 ml Wasser

Augen der Kokosnuss einstechen, Kokoswasser in ein Glas laufen lassen, sofort trinken. Nuss mit einem Hammer knacken, Fruchtfleisch herausschälen und mit Wasser pürieren. Absieben und kalt stellen. Restliches Fruchtfleisch ergibt einen guten Boden für vegane Rohkost-Torten. (s. S. 108)

Tipp: Auch ein beliebter Drink für vegane Rohköstler.

GETREIDEMILCH

200 g grobes Vollkornmehl
aus Dinkel, Gerste, Hafer oder
Weizen • 1 Prise Salz

Mehl mit 1½ l Wasser vermischt
über Nacht quellen lassen. Durch
ein Tuch gießen, aufkochen, mit Salz
würzen, im Kühlschrank abkühlen
lassen. Hält sich dort etwa 2 Tage.

„FRISCHKÄSE"

200 g Nüsse* • Saft einer Zitrone
Salz und Kräuter nach Geschmack

Nüsse* mit Wasser bedeckt über
Nacht quellen lassen. Abgießen. So
viel Zitrone zugeben, dass die Masse
pürierbar ist. Würzen.

SÜSSER FRISCHKÄSE

1 Tasse Cashewnüsse oder
Sesamsaat, wie auf S. 47 vorbereitet
Pflanzenmilch, selbst gemacht
(s. S. 43) oder gekauft • 3 Datteln

Nur so viel Milch nehmen, dass es
pürierbar ist. Mit den Datteln zu einer sahnigen Creme pürieren.

FRUCHTCREME

1 Tasse Cashewnüsse
oder Mandeln, wie oben vorbereitet
Saft einer halben Zitrone
1 Tasse frische Beeren oder gleiche
Menge anderes Obst • 1–5 frische
oder Soft-Datteln

Alles zu einer Creme pürieren.

VEGANER PARMESAN

100 g Sesam, Pistazien oder
Pinienkerne • ¼ TL gutes Salz
(z.B. Fleur de Sel, Himalayasalz)
3 EL Hefeflocken

Kerne in einer Pfanne ohne Fett
goldgelb rösten. Sofort umfüllen. Abgekühlt mit restlichen Zutaten fein
mixen. Zum Bestreuen von Pastage-
richten.

VEGANER STREICHKÄSE (HEFESCHMELZ)

a) 1 Tasse Haferflocken
1 EL Mehl • 3 EL Maisstärke
3 Tassen Wasser • ½ Tasse Öl
b) 200 ml Wasser, warm • 2 Würfel
Back-Hefe oder 3 EL Hefeflocken
Salz • etwas Senf
je 4 EL Alsan und Mehl

Jeweilige Zutaten mischen, bei geringer Hitze unter Rühren cremig kochen.

Dieser Käse soll Aufläufe und Pizza vor dem Austrocknen schützen. Bei Nudelgerichten auf warmen Tellern servieren und sofort essen, sonst wird er zäh. Auch lecker als Brotaufstrich.

Veganer Schnittkäse

100 g Cashew-Nüsse • 3 TL Agar-
Agar, gemahlen • 1 TL Salz
5 EL Zitronensaft • 3 EL Hefeflocken • 1 Prise Kurkuma
oder Safran

Fein gemahlene Nüsse mit restlichen Zutaten und 400 ml Wasser aufkochen. 2 Minuten köcheln lassen. In flachen Schalen fest werden lassen. Schmeckt zu Käse-Nudel-Gerichten wie Käsespätzle und Makkaroni. Reste ergeben mit heißem Wasser aufgekocht eine leckere Suppe!

NUSSKRUSTE FÜR AUFLÄUFE (STATT KÄSE)

100 g Nüsse*, fein gehackt
50 g Semmelbrösel • 1 Bund
Schnittlauch, in Röllchen oder
1 Bund Basilikum, feingehackt
2 EL Öl • 2 EL Dijon-Senf

Alle Zutaten vermischen. Auf Gemüse-, Nudel- oder Kartoffelaufläufe streichen. Nach Rezept backen.
Tipp: Wird die Kruste zu schnell braun, mit Alufolie abdecken.

BROT UND BROTAUFSTRICHE

APFELBROT

600 g Äpfel • Saft einer Zitrone
300 g Rosinen • 300 g Dinkelvoll-
kornmehl • 100 g zarte Haferflocken • 1½ Pck. Backpulver

Äpfel grob raspeln, mit Zitronensaft
und Rosinen gemischt 12 Stunden
ziehen lassen. Trockene Zutaten mit
Apfelmix gut verknetet in einer gefet-
teten Kastenform bei 175 °C etwa
60 Minuten backen.

Tipp: Im Advent Zitronensaft durch
1 Tasse Rum und 1 TL Lebkuchen-
gewürz ersetzen.

KNÄCKEBROT
FÜR VEGANE ROHKÖSTLER

je 1 Tasse Rest-„Mehl" von der
Milchproduktion, Leinsamen-Schrot
und Sesamsaat • 1 kleiner Apfel
oder 1 Möhre, fein geraspelt
5 getrocknete, in Öl eingelegte
Tomaten, gut abgetropft
2 EL Olivenöl • je 1 EL Sojasauce
und Zitronensaft • etwa ½ TL Salz
1 TL Oregano oder Thymian

Alles, außer Sesamsaat, pürieren.
Masse sehr dünn auf gefettetes
Backpapier streichen, mit Sesam
bestreuen, gut andrücken. Im Sommer in der Sonne, im Winter auf dem
Heizkörper trocknen. Ist eine Seite
trocken, vorsichtig wenden. Nicht-
Rohköstler backen kurz bei 100 °C.

ITALIENISCHES WEISSBROT

250 ml Wasser
je ½ TL Meersalz und Zucker
1 TL Olivenöl
325 g Hartweizengrieß
½ Pck. Trockenhefe

Alles in den Backautomaten füllen. Programm: Basic, Normal oder Weißbrot.

VEGEMITE (KULT-AUFSTRICH AUS AUSTRALIEN)

1 Zwiebel, fein gewürfelt
je 2 EL Margarine und Semmelbrösel • 60 g frische Hefe
250 ml Sojamilch
je 1 EL Majoran, getrocknet und
Petersilie, gehackt

....

Zwiebelwürfel und Semmelbrösel in Margarine dünsten. Hefe zugeben, dünsten, bis sie braun wird. Mit Milch ablöschen, einmal aufkochen, würzen und unter Rühren erkalten lassen.

HUMUS – WÜRZIGER BROTAUFSTRICH

100 g Kichererbsen
3 EL Tahin (Sesampaste)
3 EL Kürbiskern- oder Olivenöl
Pfeffer • Salz

....

Die Kichererbsen in kaltem Wasser 12 Stunden einweichen, dann mit frischem Wasser weich kochen. Abgießen, ¼ l Kochwasser auffangen, mit restlichen Zutaten zu einer streichfähigen Masse pürieren.
Tipp: Herzhafte Brotaufstriche schmecken frisch am besten, halten sich aber im Kühlschrank eine Woche.

HEFEAUFSTRICH

1 große Zwiebel • Oliven- oder Kürbiskernöl • 2 Würfel frische Hefe • je 1 Handvoll Kräuter, Basilikum und Semmelbrösel

. . . .

Zwiebelwürfel in Öl dünsten, restliche Zutaten zugeben, pürieren. In Gläsern im Kühlschrank aufbewahren.

Tipp: Schmeckt auf Landbrot, ergibt mit Wasser aufgekocht auch eine schnelle Suppe.

Saucen und Dips

Gesundes Tomaten-Ketchup

1 rote Zwiebel • 1 Paprikaschote
250 g reife Tomaten
je 1 EL Olivenöl, Zucker
und Rotweinessig
Salz • Pfeffer

....

Das Gemüse putzen, klein schneiden und im Öl andünsten. Würzen und zu einer dicken Sauce einkochen, abgekühlt pürieren und nachwürzen. Würzt das eher geschmacksfreie Tofu oder Tempeh. Hält sich im Kühlschrank etwa eine Woche.

Sauce Bolognese mit Seitan

600 g Seitan-Hack • Olivenöl
je 1 Möhre, Staudensellerie und
Zwiebel • 750 g Tomaten, gehackt
½ Bund Basilikum, gehackt
Pfeffer • Salz • 2 EL Tomatenmark

Seitan im Öl anbraten, zerkleinertes Gemüse zugeben, dünsten, mit den Tomaten ablöschen. Köcheln, bis das Gemüse gar ist. Mit Kräutern und Tomatenmark würzen.

Variante mit Grünkern

175 g Grünkern, geschrotet
½ l Gemüsebrühe
weitere Zutaten wie oben

Grünkernschrot im Topf anrösten. Mit ½ l Gemüsebrühe ablöschen, aufkochen. Vom Herd nehmen, 20 Minuten quellen lassen. Gemüse in Öl andünsten. Schrot zugeben, anbraten, mit Tomaten ablöschen. Weiter wie oben.

Variante mit Linsen

Olivenöl • 100 g Champignons
je 1 Zwiebel, 1 Stange Lauch, alles
in Scheiben • ca. ¼ l Gemüsebrühe
2 Tassen rote Linsen • Pfeffer
2 Dosen stückige Tomaten
Tomatenmark • Salz

Gemüse in Öl andünsten, mit Brühe ablöschen. Linsen und Tomatenstücke zugeben, kurz aufkochen, würzen.

BRAUNE SAUCE

je 3 EL Olivenöl, Vollkornmehl und
klein gehackte Zwiebeln
1 EL Tomatenmark
500 ml Gemüsebrühe • Sojasauce
Pfeffer • 1 TL Majoran • Salz

....

Öl erhitzen, Mehl und Zwiebeln darin unter Rühren leicht bräunen, mit
Brühe und Tomatenmark ablöschen.
10 Minuten bei kleiner Hitze köcheln. Herzhaft würzen. Zu veganen
Fleisch- und Wurst-Gerichten.

Scharfes Gewürzöl

2–3 EL getrocknete Peperoni, grob
geschrotet • Sonnenblumenöl

Peperoni in einer Flasche mit Öl
auffüllen. Kühl und dunkel aufbewahren. Würzt Gemüsepfannen und
Salate und peppt fade Suppen auf.
Aber es ist scharf, vorsichtig dosieren!

Bechamel-Sauce

je 50 g Margarine und Mehl
500 ml Hafermilch • 3 EL Hefeflocken • Muskat • Pfeffer • Salz

Mehl in Margarine anschwitzen, mit
Milch ablöschen. Hefeflocken zuge-

ben, herzhaft würzen. Klümpchen mit dem Stabmixer glatt rühren. Gut in Gemüse-, Nudel- und Kartoffelauf-läufen und Lasagne.

PESTO

1 Bund Basilikum • 1 Avocado
2 EL Zitronensaft • 4 EL Öl
100 g Walnüsse • gutes Salz

Alles pürieren, herzhaft würzen und zu Pasta oder auf Weißbrot als Vor-speise.
Tipp: Gute Salze sind z.B. Stein- oder Meersalz (Fleur de Sel).

Salate und Suppen

Tabouleh (Couscous-Petersilien-Salat)

300 ml Gemüsebrühe
150 g Bulgur oder Couscous
100 g Kirschtomaten, in Scheiben
2 Bund glatte Petersilie
4 Stängel frische Minze oder
1 Teebeutel Pfefferminztee
Dressing:
Zitronensaft • Salz
Pfeffer • 250 ml Soja-Joghurt

Bulgur in der Brühe aufkochen, zu-
gedeckt bei kleiner Hitze 20 Minuten
köcheln. Brühe abgießen, Bulgur
kalt abspülen, abgetropft abkühlen

lassen. Kräuter waschen, trocken-
schütteln und die Blättchen fein
hacken. Saucenzutaten verrühren.
Bulgur, Tomaten und Kräuter in das
Dressing rühren. Etwas ziehen lassen. Vor dem Servieren nachwürzen.

WARMER KARTOFFELSALAT

400 g Kartoffeln, gekocht und
gepellt • 3 EL Margarine
1 Zwiebel, feingehackt
300 ml heiße Gemüsebrühe
2–3 EL Essig • je 2 TL Senf und
Zucker • Pfeffer • Salz

In einem Kochtopf Margarine erhit-
zen, die Zwiebeln darin dünsten.
Mit Brühe ablöschen und restliche
Zutaten einrühren, einmal aufko-

chen. Kartoffelscheiben zugeben und 5 Minuten ziehen lassen. Temperatur herunterschalten und stehen lassen. Kurz vor dem Servieren Brühe abgießen, abschmecken, evtl. noch etwas Essig zugeben und z. B. zu veganem Schnitzel oder Buletten servieren.

Tipp: Mit mehr Flüssigkeit, 1 EL Majoran und ohne Essig ergibt dies auch eine leckere Kartoffelsuppe.

Kakisalat

je 1 Kopf Eichblattsalat, Chicoree,
Fenchel und Radicchio
2 reife, aber nicht zu weiche Kaki-
Früchte • 4 Stängel Petersilie
1 Handvoll Nüsse*
Dressing:
2 Baby-Bananen, reif,
aber ohne braune Punkte
5 EL Öl • Zitronensaft
je 1 TL Senf und Ahornsirup
Pfeffer • Salz

....

Salate putzen, waschen und trocken-
schütteln, Kakifrüchte waschen, un-
geschält würfeln. Vom Fenchel die
„Finger" abschneiden, Knolle fein
würfeln, Grün mit der Petersilie fein
hacken. Alles gut mischen. Die Dressing-Zutaten mit so viel Zitronensaft

pürieren, dass eine sämige, würzige Sauce entsteht. Über den Salat gießen, vor dem Servieren kurz ziehen lassen und mit den gehackten Nüssen bestreut servieren.

Tipp: Noch sättigender wird der Salat, wenn man zusätzlich eine gewürfelte Avocado unterhebt.

Apfel-Möhren-Salat

1 kg Möhren • 3 Äpfel
1 Zwiebel, feingehackt
2 Orangen, geschält, kleingeschnitten oder 2 Handvoll blaue Trauben
1 Handvoll Nüsse, gehackt

Sauce:

300 ml Soja-Joghurt
1 EL Nussöl • Pfeffer • Salz
Ahornsirup • Zitronensaft

Möhren putzen, Äpfel entkernen (nicht schälen), beides auf der Gemüsereibe raspeln. Obst und Zwiebeln zugeben. Saucenzutaten verrühren, über den Apfelmix gießen, alles gut verrührt eine Stunde ziehen lassen. Vor dem Servieren mit Nüssen bestreuen. Wer es süßer mag, ersetzt Zwiebeln mit Rosinen.

MÖHREN-KAKI-ROHKOST

3 große Möhren • 1 Kaki
1 Handvoll Nüsse*
Dressing:
je 1 EL Ahornsirup,
Zitronensaft und Öl
je 1 Prise Salz und Zimt

....

Möhren ganz fein reiben, Kaki in kleine Würfel schneiden, alles mischen. Dressing-Zutaten verrühren und über den Möhren-Mix gießen. Mit Nüssen bestreuen.

Lauwarmer Gnocchisalat

1 Pck. Gnocchi (ca. 325 g, Kühlregal
oder selbstgemacht, s. S. 100)
1 Zwiebel • 1 Paprikaschote
Olivenöl • Pfeffer • Salz
Dressing:
je 1 EL Balsamico und Tomatenmark • je 2 EL Olivenöl und Brühe
Pfeffer • Salz • 1 Bund Basilikum

Gnocchi in Salzwasser kochen, wenn
sie nach oben steigen, abgießen und
kalt abspülen. Geputztes Gemüse
in Würfel schneiden und im Öl anbraten, mit den Gnocchi mischen.
Würzen. Dressing-Zutaten pürieren,
über den Gnocchi-Mix gießen. Basilikum feinhacken und über den Salat
streuen. Lauwarm genießen.

Linsensalat

500 g Champagnerlinsen
1 l Gemüsebrühe, ungesalzen
3 Lauchzwiebeln, in Ringen
100 g Kirschtomaten, geviertelt
Sauce:
1 EL Ahornsirup • Salz
Zitronensaft • Olivenöl • Pfeffer

Linsen etwa 30 Minuten in der Brühe garen. Restflüssigkeit abgießen. Saucenzutaten mit Tomaten und Lauchzwiebeln verrühren, würzen und mit den Linsen vermischen. Schmeckt lauwarm am besten.

ROTE SUPPE

1 Tasse rosa Linsen
5 große Möhren • 1 kleiner Kürbis
etwas Orangensaft • Pfeffer • Salz
Muskat • etwas Kürbisöl
und -kerne

Linsen kurz einweichen, inzwischen Möhren und Kürbis putzen und klein schneiden. Linsen abgießen und mit dem Gemüse in 1 l Wasser aufkochen. Wenn alles gar ist, pürieren, mit Saft und Gewürzen abschmecken. Mit Kürbisöl und -kernen servieren.

KICHERERBSEN-SPINAT-EINTOPF

1 große Zwiebel, gewürfelt
Olivenöl • 1 l Gemüsebrühe
Saft von ½ Zitrone • je 1 TL Kreuz-
kümmel, Kurkuma und Paprika
je 1 Prise Zimt und Piment
je 1 Dose Kichererbsen und Kidneybohnen (420 g) • 4 Stängel
frische Minze oder 2 Teebeutel
Pfefferminztee • 1 Pck. TK-Blatt-
spinat • Salz

Zwiebelwürfel in etwas heißem Oli-
venöl glasig dünsten, mit Brühe und
Zitronensaft ablöschen, restliche
Zutaten zugeben, köcheln lassen,
bis der Spinat gar ist. Schmeckt zu
Fladenbrot.

Scharfe Bananensuppe

1 Bund Frühlingszwiebeln,
klein geschnitten • Öl
4 Bananen, ohne Flecken
1 Handvoll Kirschtomaten
1 rote und 1 grüne Chilischote
ohne Kerne • 1 l Gemüsebrühe
Pfeffer • Salz

Zwiebeln im Öl dünsten, Bananen-
scheiben, Tomatenhälften und fein-
gehackte Chilischoten zugeben.
Nach 5 Minuten mit der Brühe ablöschen, aufkochen, Bananen mit der
Gabel zerdrücken. Abschmecken.

HAUPTGERICHTE UND BEILAGEN

VEGANES FLEISCH AUS SEITAN

SEITAN-GRUNDTEIG

3 l Gemüsebrühe • 175 g Gluten
(Weizen-Eiweißpulver z.B. Seitan-Fix)
1 TL Salz • ½ TL Knoblauch- und
1 EL Paprikapulver • 1 EL Öl

Brühe in einem großen Topf erhitzen.
Alle trockenen Zutaten gut vermen-
gen, löffelweise etwa 200 ml sehr
kaltes Wasser zufügen, sehr gut rühren. Die Masse *zügig* mit den Hän-
den zu einem Kloß verkneten. Kloß
in mehrere flache Stücke teilen, in

der Brühe 30 Minuten kochen, dabei verdoppeln sie sich.

Zur Garprobe herausnehmen, durchschneiden, sind sie innen noch dunkel, weitere 15 Minuten kochen. Herd ausschalten. Seitan in der Brühe über Nacht ziehen lassen. Die Masse ergibt ca. 600 g und lässt sich in allen Formen gut einfrieren.

Schnitzel: Teig anstatt in einen Kloß in möglichst flache Stücke formen, weiter wie Grundrezept. Zum Braten gut abtrocknen, „shake and bake" (s. S. 33) panieren.

Gyros: Grundteig kräftig mit Gyrosgewürz würzen. Kloß in längliche Stücke schneiden und wie gewohnt weiterverarbeiten. Abgekühlt klein schneiden und wie gewohnt zubereiten.

Würstchen: Grundteig nach Geschmack z.B. mit Majoran, Piment und Pfeffer würzen. Aus dem Grundteig wurstähnliche Teigstücke in Alu- oder Plastikfolie wickeln, zubinden und in der Brühe wie Grundteig kochen.

Hackfleisch: Teigstücke nach dem Erkalten durch den Fleischwolf drehen oder in kleinen Portionen im Mixer klein hacken.

GROSSER FESTTAGS-BRATEN

2 Zwiebeln • 1 Stange Lauch
je 250 g Pilze, Wal- oder
Haselnüsse
je 250 g vorgekochte Maronen
(vakuumverpackt) und
trockenes Weißbrot • Öl
Majoran • Pfeffer • Salz

Brot in Wasser einweichen, gut ausdrücken. Zwiebeln, Pilze und Maronen fein hacken, mit dünnen Lauch-Scheiben im Öl anbraten. Alles mit den Nüssen fein pürieren.
Masse mit Brot mischen. Ist die Masse zu weich, mit Haferflocken binden. Herzhaft würzen. In eine gefettete längliche Auflaufform füllen, glatt streichen, Oberfläche mit Öl bestreichen. Bei 180 °C backen.

Nach 30 Minuten kosten, ob der Braten gar ist, sonst weiterbacken. Mit Kartoffeln und einer herzhaften Beilage wie z.B. Preiselbeer-Kompott servieren.

VEGANE SCHNITZEL

a) 4 – 6 Pilze mit großen Hüten
wie z.B. Parasolpilze
b) 1 große Sellerieknolle
je 1 Msp Zucker und Salz
1 EL Essig
c) 600 g Seitan in Scheiben
Mehl, gemahlene Nüsse
oder Sesam zum Panieren
Öl

Pilze nicht waschen, nur mit einem Pinsel abbürsten.

Sellerie vorsichtig schälen, mit Zucker und Essig in Salzwasser bissfest garen. Abgekühlt in 1 cm dicke Scheiben schneiden.

Seitan in flache Scheiben schneiden. Dann Pilze, gut abgetropfte Sellerie- oder Seitanscheiben wie auf S. 33 beschrieben panieren. In heißem Öl von beiden Seiten braten. Sofort servieren. Als Beilage Kartoffelsalat (s. S. 72) oder grüner Salat und Baguette.

CHILI CON SOJA, SEITAN ODER TOFU

je 2 Paprikaschoten und
Zwiebeln, gewürfelt • je 2 Peperoni
und Möhren, feingehackt
je 1 Dose Kidneybohnen und
stückige Tomaten (425 g)
2 EL Tomatenmark • je 1 TL Kreuz-
kümmel, Zimt und Paprikapulver
Pfeffer • Salz
Marinade:
150 ml Gemüsebrühe, kräftig
gewürzt • 1 EL Sojasauce
a) 75 g Soja-Schnetzel
oder -Granulat • Öl
b) 300 g Seitan als Hackfleisch
c) 250 g Räucher-Tofu • Sojasauce

a) Soja-Schnetzel oder Granulat in
der heißen Marinade 30 Minuten

einweichen. Gut abgetropft in Öl scharf anbraten.

b) Seitan-Hack in Öl anbraten.

c) Tofu möglichst klein schneiden, in der Sojasauce einige Stunden marinieren, gut abgetropft in Öl scharf anbraten.

Dann bei allen Varianten das frische Gemüse zugeben und dünsten, mit Kidneybohnen und Tomaten ablöschen, aufkochen, Temperatur verringern, würzen und so lange köcheln, bis das Gemüse gar ist. Zu Fladenbrot servieren.

LASAGNE

je 1 Rezept Bolognese- und
Bechamel-Sauce und
Hefeschmelz (s. S. 50)
500 g Lasagneplatten

Den Boden einer länglichen Auflaufform mit Bechamelsauce begießen,
darauf Lasagneplatten legen, mit
Bolognese begießen, darauf Bechamelsauce und so weiter. Letzte
Schicht sollte Bechamelsauce sein.
Mit Hefeschmelz bestreichen und
30 Minuten bei 180 °C backen.
Wird der Hefeschmelz zu schnell
dunkel, mit Alufolie abdecken.

PFANNKUCHEN

250 g Mehl • 1 Pck. Backpulver
1 Msp Salz • 400 ml Hafer- oder
Mandelmilch • Öl
Herzhaft: ½ TL mehr Salz
in den Teig geben.
Süß: 1 TL Zucker oder Sirup

Alle Zutaten (ohne Öl) gut verquirlen. Öl in einer Pfanne erhitzen. Mit einer Suppenkelle Teig in die Pfanne geben, den Pfannkuchen von beiden Seiten goldgelb backen.
Die Pfannkuchen mit Kompott, gekochtem Spinat oder gebratenen Pilzen füllen, zusammenklappen und servieren. Der Teig eignet sich auch für Waffeln!

GEMÜSEPFANNE

ca. 1,2 kg Gemüse
in mundgerechten Stücken:
Auberginen • Fenchel
Gurken • Kartoffeln
Tomaten • Zucchini
Petersilie • andere Kräuter nach
Geschmack • Pfeffer • Salz • Öl

Gemüse lagenweise in ein tiefes Backblech (Fettpfanne) legen, mit Pfeffer, Salz und klein geschnittenen Kräutern bestreuen, reichlich mit Öl begießen. Bei 180 °C im Backofen backen, bis alles gar ist. Wer in Eile ist, kocht die Kartoffeln etwas vor. Zum Essen Gewürzöl (s. S. 67) in kleinen Schalen dazu reichen.

Gnocchi ohne Ei

300 g festkochende Kartoffeln
2 EL Kartoffelstärke
1 EL Hartweizengrieß
50 g Mehl 550
½ TL Salz • 1 Prise Muskat

Kartoffeln in der Schale kochen. Heiß pellen, mit dem Kartoffelstampfer zerdrücken (nicht pürieren!), mit restlichen Zutaten mischen. Zu einem glatten Teig verkneten. Ist der Teig noch zu weich, mehr Kartoffelstärke zugeben. 30 Minuten ruhen lassen, zu 2 cm dicken Rollen formen, 1,5 cm dicke Scheiben abschneiden, mit der Gabel Rillen eindrücken. In einem großen Topf Salzwasser aufkochen. Alle Gnocchi auf einmal hineingeben. Herd ausschalten. Sobald sie nach oben steigen, mit dem Schaumlöffel herausnehmen, abgetropft z.B. mit Sauce Bolognese oder Hefeschmelz (s. S. 64 und 50) servieren. Oder Salbeiblätter in Margarine dünsten und zu Gnocchi servieren. Restliche Gnocchi mit gut abgetropftem Sauerkraut in wenig Margarine scharf anbraten.

Tipp: Die Gnocchi schmecken auch gut zu Apfelkompott.

KLEINE SPATZEN

500 g Mehl • 4 EL Sojamehl
½ TL Salz • 1 EL Öl

....

Alle Zutaten außer Öl löffelweise mit
so viel Wasser vermischen, dass ein
fester Teig entsteht. Gut verkneten.
20 Minuten ruhen lassen. 1 l Wasser
aufsetzen, salzen und Öl zugeben.
Teig portionsweise mit dem Spätzle-
hobel ins kochende Wasser geben.
Wenn die Spatzen hochsteigen, mit
dem Schaumlöffel herausnehmen
und warmhalten. Mit Sauce oder
Hefeschmelz und gebratenen Zwiebeln überbacken servieren.

FÜR NASCHKATZEN

PANNA COTTA MIT BEEREN

500 ml Hafer- oder Soja-Sahne
250 ml Mandelmilch
1 EL Agar-Agar • 1 Prise Vanillepulver

Milch und Sahne in einem Topf erhitzen, nach Geschmack süßen. Agar-
Agar mit etwas Zucker und der Vanille vermischt in den Milch-Mix rühren.
Unter Rühren so lange köcheln, bis
die Masse dick wird.
In Schalen gießen. Eiskalt mit Beeren oder Kompott servieren.

Rote Grütze

300 g gemischte Beeren (frisch
oder TK) • 2 EL Zucker
125 ml ungesüßter Fruchtsaft
25 g Speisestärke oder ¼ TL Agar-
Agar • Zucker

....

Beeren putzen bzw. TK-Beeren auf-
tauen. Speisestärke oder Agar-Agar
mit Zucker in 2 EL Fruchtsaft verrühren. Rest-Saft erhitzen, Beeren darin
aufkochen. Stärke oder Agar-Agar
in die Masse rühren, erneut aufkochen. Herd ausschalten, ziehen lassen. Grütze in Schalen verteilen und
kühl stellen.
Tipp: Auch gut als Füllung für Torten.

CASHEW-VANILLEPUDDING

3 Handvoll Cashewnüsse
4 EL Zitronensaft • ½ TL Salz
4 – 5 Datteln, entsteint
etwas warmes Kokosöl
Mark einer Vanillestange oder
1 TL Vanillepulver

Nüsse über Nacht in Wasser einweichen. Dann Wasser abgießen und mit restlichen Zutaten im Mixer fein pürieren. Nach Geschmack süßen und gekühlt servieren. Kakao oder Schokolade unterrühren, ergibt Schokopudding.

Tipp: Ist auch eine gute Füllung für einen rohen Käsekuchen (s. S. 114).

CHIA-PUDDING

je 2 Tassen Mandeln und Chia-
Samen • 1 TL Zitronensaft
1 Tasse Obst nach Wahl
Zucker

....

Mandeln und Chia-Samen in je 2 Tas-
sen Wasser über Nacht einweichen.
Einweichwasser abgießen. Mandeln
mit Zitronensaft und Obst pürieren,
Aus dem Chia hat sich eine Art Gelee
gebildet. Dies in den Mandel-Obst-
Mix rühren. Kalt stellen.
Tipp: Ist auch eine gute Füllung für
Käsekuchen.

TortenBoden
Ohne Backen

2 Handvoll Cashewnüsse,
Mandeln oder Reste von
Mandel-, Cashew- oder Kokosmilch-
Zubereitung (s. S. 43, 46)
½ TL Salz • 4 – 5 Datteln, entsteint

Zutaten jeweils pürieren, in kleine Tortenformen streichen, trocknen lassen (Sonne / Heizkörper). Mit gewünschtem Belag (frisch püriertes Obst, Rote Grütze, Gelee oder Marmelade, Cashew- oder Chia-Pudding) bestreichen oder mit Beeren belegen und mit Tortenguss überziehen (s. S. 34).

MÜRBTEIG-BODEN

250 g Mehl • 125 g Margarine
1 Prise Salz • 1 TL Zitronensaft
½ Banane • 1 EL Zucker

Zutaten verkneten. Eine gefettete Springform oder feuerfeste Formen damit auslegen, kleinen Rand hochziehen, mit der Füllung bestreichen und bei 180 °C backen, bis der Teig goldgelb ist.

EINFACHER ERDBEERKUCHEN

1 Mürbteigboden (s. S. 109)
250 g kleine Erdbeeren
(große halbieren) • 2 Portionen
Tortenguss (s. S. 34)

....

Erdbeeren waschen, mit Küchenpapier abtupfen, auf den abgekühlten Boden legen. Tortenguss nach Anleitung zubereiten, von der Mitte des Kuchens aus nach außen über die Erdbeeren gießen und dabei etwas über den Rand laufen lassen.

Tipp: Schmeckt auch mit Him- und Brombeeren oder gut abgetropftem Dosenobst wie Aprikosen oder Mandarinen.

Nuss-Makronen

2 gehäufte TL No Egg-Pulver
1 EL Wasser • 1 Spritzer Zitronensaft • 100 g gemahlene Mandeln,
Haselnüsse oder Kokosraspeln
Zucker nach Geschmack

No Egg mit Wasser schaumig schla-
gen, Zitronensaft, Nüsse und Zucker
unterziehen. Kleine Häufchen in Pa-
pierförmchen setzen und bei 160 °C
10 Minuten backen.

Haferflocken-Cookies

125 g Margarine • ¼ TL Salz
175 g Rohrzucker • 1 Baby-Banane
je 75 g gehackte Walnüsse,
Haferflocken und Mehl

Ofen auf 175 °C vorheizen. Alle Zutaten zu einem glatten Teig verkneten, mit dem Teelöffel Häufchen auf mit Backpapier belegte Bleche geben. Etwa 10 bis 12 Minuten goldbraun backen.

PEANUTBUTTER-COOKIES

je 100 g Peanutbutter und Rohrzucker • 1 Baby-Banane, zerdrückt • je 125 g gehackte Erdnüsse und Mehl

Zubereitung wie Haferflocken-Cookies.

VEGANE NOSTALGIE: KÄSEKUCHEN

Obwohl vegane Kuchenbäcker fast alles backen können, träumen viele vom „echten" Käsekuchen!

KÄSE- ODER QUARKKUCHEN MIT VERSCHIEDENEN FÜLLUNGEN

Teig:
je 75 g Zucker und weiche Margarine • 200 g Mehl
½ Pck. Backpulver
2 EL gemahlene Nüsse[*]
Für alle Füllungen:
Quarkmasse s. u. • Zucker und Zitronensaft nach Geschmack
½ Pck. Vanillepudding

Quarkmasse 1:

200 g Seidentofu

100 g Tofu • 2 EL weiche
Margarine • 10 g Stärke

Quarkmasse 2:

Frischkäse aus 250 g Cashew-,
Sonnenblumenkernen oder
Mandeln (s. S. 47),
etwas nachsäuern

Quarkmasse 3:

225 g Soja-Saure Sahne wie z.B.
Tofutti Sour Supreme

2 EL Margarine • 1 EL Sojamehl

Quarkmasse 4:

250 g Tofu • 75 g Vanille-Soja-
joghurt • 1 EL Sojamehl

200 g Blaubeer-Konfitüre
(24er-Backform nehmen)

Teigzutaten zu einem weichen Teig verkneten. Gefettete 18-cm-Springform damit belegen, Rand ziehen. Für die Füllung Quark-Ersatz abtropfen lassen, mit Zucker und Zitronensaft, Puddingpulver oder Speisestärke und Zutaten nach Rezept gut mischen. Die Masse soll die Konsistenz von Quark haben, also nicht flüssig sein, sonst zusätzlich 1 EL Sojamehl unterziehen. Auf den Boden streichen und bei 175 °C etwa 60 bis 70 Minuten backen.

Tipp: Unter den Quark kann man auch noch Obst legen.

Alle Kuchen zügig verzehren, lauwarm schmecken sie am besten. Jeder schmeckt etwas anders, aber alle gut. Am nächsten an „echten" hausgemachten Käsekuchen kommt der aus Seidentofu.

GESUNDE GETRÄNKE

BANANEN-MANGO-SMOOTHIE

2 Bananen • 1 Mango
2 – 3 Datteln • Pflanzenmilch
nach Geschmack

Obst mit Datteln, ein paar Eiswürfeln
und soviel Milch pürieren, bis die gewünschte Konsistenz erreicht ist.

ERDBEER-ORANGEN-SMOOTHIE

300 g Erdbeeren • 1 Orange
120 ml Kokosmilch • 4 Eiswürfel

Geschälte Orangenstücke und Erdbeeren mit der Milch und Eiswürfeln
im Mixer glatt pürieren.
Ein fruchtiger Drink, der die Lebens-
geister weckt.

GRÜNE SMOOTHIES

a) 1 Apfel • 3 Stängel Sellerie
½ Salatgurke • Salz
1 EL Leinsamen, geschrotet
b) 1 Banane • 1 Apfel • 1 Handvoll
Blattspinat • ½ TL Leinöl
200 ml Apfelsaft

Alle Zutaten miteinander pürieren
und gut gekühlt servieren.

DATTELSMOOTHIE

4 – 5 Datteln, entsteint • 1 Banane
Pflanzenmilch nach Geschmack

....

Datteln in warmem Wasser ein paar
Stunden einweichen, gut abgetropft
mit der Banane und so viel Milch
pürieren, bis die gewünschte Konsistenz erreicht ist.

CHIA-FRESCA LIMONADE

2 EL Chia-Samen
Saft einer Orange

....

Chia-Samen 1 Stunde im Orangensaft einweichen, dann mit 250 ml
Wasser mischen. Nach Geschmack
süßen.

REZEPTVERZEICHNIS

Vegane Online-Shops (Auswahl)

www.veganics.de
www.veganversand.de
www.veganversand.at.
www.veganz.de
www.vegane-zeiten.de
www.veganwonderworld.de
www.vegi-service.ch

Verbände und Blogs

www.greenpeace.de
veganschwanger.wordpress.com
Nährwerte-App (Trias Verlag):
   www.thieme.de
www.vegan.de
www.vegane-gesellschaft.de
www.vegan.at / www.vegan.ch
www.vegansociety.com
(Ernährung, Ärzte, Restaurants, Schuh-
geschäfte, Kosmetik, Medizin, etc.)

Natur- und gesunde Kochbüchlein aus unserer Minibibliothek

Apfelbüchlein • Aronia • Beerenbüchlein
Blüten für Genießer • Brot backen • Champignon & Co. • Essen von der Wiese • Essbares von Bäumen und Sträuchern • Gemüseraritäten • Heilkräuterbüchlein • Holunder-Rezepte
Honig • Hildegard von Bingen • Ingwer
Marmelade & Gelee • Kleine Kräuterapotheke
Kleine Pilzkunde • Kürbisbüchlein • Multitalent Zwiebel • Obstexoten • Sanddorn-Rezepte
Teegenuss • Tomatenbüchlein • Wildobst

Weitere Titel der Mini-Bibliothek

Kochbüchlein
Alles gewickelt & gerollt • Alles vom Ei
Backen & Naschen • Berlin & Mark Brandenburg kulinarisch • Bierbüchlein • Essen wie im Mittelalter • Fingerfood • Heißer Bischof – kalter Hund • Kaffeevergnügen • Kochbüchlein Schweiz • Lauter scharfe Sachen
Mecklenburg-Vorpommern kulinarisch
Milch-Büchlein • Sachsen kulinarisch (auch engl.) • Sachsen-Anhalt kulinarisch • Schokoladenbüchlein • Sektbüchlein • Senfbüchlein

Süßes im Advent • Thüringen kulinarisch
Tomatenbüchlein • Weihnachten. Bräuche &
Rezepte

Literarisches

Das kleine Bach-Büchlein (auch engl.)
Wilhelm Busch • Frauen & Männer • Frauen-
Weisheit • Goethe-Zitate • Gute-Laune-Büch-
lein • Ich hab dich so lieb • Liebe Mama...
Liebe Oma... • Lieber Opa... • Lieber Papa...
Lotter-Wirtschaft • Rosa Luxemburg
Märchenkönig Ludwig II. (auch engl.) • Karl
May • Wolfgang Amadeus Mozart (auch engl.)
Musenkuss – Richard Wagner • Nietzsche-
Zitate • Philosophinnen-Sprüche • Rainer
Maria Rilke • Schiller-Zitate • Clara & Robert
Schumann • Theodor Storm • Weisheiten der
Welt • Heinrich Zille

Stadt und Land

Auf der Saale-Unstrut-Weinstraße • Auf der
Sächsischen Burgen- und Schlösserstraße
Auf der Sächsischen Weinstraße • Berlin
für die Westentasche (auch engl.) • Burgen
und Schlösser im Erzgebirge • Chemnitz
für die Westentasche • Dresden für die
Westentasche (auch engl.)